Publications de la revue. L'IDEE LIBRE. — Brochure n° 3.

LA PESTE RELIGIEUSE

Par

Jean Most

EDITION de l'Idée Libre

PRIX : 15 centimes

La Peste Religieuse

De toutes les maladies mentales que l'homme s'est implantées systé
matiquement dans le cerveau, la PESTE RELIGIEUSE est certainement
la plus *horrible*.

Comme tout a son histoire, cette EPIDÉMIE n'est pas sans avoir la
sienne. Seulement il est, parbleu ! bien dommage que le développement
de cette histoire ne soit pas tout ce qu'il y a de plus joli. Les vieux Zeus
et Jupiter étaient des individus très convenables, nous dirons même
assez éclairés, si on les compare aux *rejetons trinitaires* de l'arbre gé-
néalogique du bon DIEU, lesquels ne le cèdent en rien aux premiers en
cruauté et en brutalité.

Du reste, nous ne voulons pas perdre notre temps avec les dieux re-
traités ou déchus, car ils ne causent plus aucun dommage ; par contre,
nous critiquerons sans respect les « faiseurs de pluie et de beau temps »
encore en activité de service et les terroristes de l'enfer.

Les chrétiens ont une « *Trinité* ; leurs aïeux les juifs se contentaient
d'une « seule déité » ; à part cela, les deux peuples forment tous deux
une société fort réjouissante. L'ancien et le nouveau « testament » sont
pour eux la source de toute sagesse, c'est pour cela qu'il faut lire, bon
gré et mal gré, ces saintes écritures si l'on veut les connaître et partant, les tourner en ridicule.

Examinons simplement l'historique de ces divinités et nous verrons
que cela suffira simplement à caractériser le tout. Voici la chose briève-
ment :

Au commencement *DIEU* créa le ciel et la terre. Il se
trouvait tout d'abord au milieu du néant, dont l'aspect de-
vait être, en effet, assez triste pour qu'un Dieu lui-même s'y
ennuyât, et comme c'est une bagatelle pour un Dieu de faire
des *mondes* avec rien, il créa le *ciel* et la *terre* comme un
charlatan remue les œufs ou les écus de sa manche. Plus
tard il fabriqua le *soleil*, la *lune* et les *étoiles*. Certains hé
rétiques qu'on nomme astronomes, ont bien démontré il y
a longtemps, que la terre n'est et n'a jamais été le centre
de l'Univers, qu'elle n'a pu exister avant le soleil, autour
duquel elle tourne. Ces gens ont prouvé que c'est une vé-
ritable bêtise de parler de la lune, du soleil et des étoiles
après la terre, comme si celle-ci comparée à ceux-là était
une chose spéciale et extraordinaire ; il y a longtemps que

chaque écolier sait que le soleil n'est qu'un astre, que la terre est un de ses satellites, et la lune pour ainsi dire un sous-satellite : il sait également que la terre en comparaison de l'*Univers* est loin de jouer un rôle supérieur ; qu'au contraire, elle n'est qu'un grain de poussière dans l'espace. Mais est-ce qu'un Dieu s'occupe d'astronomie ? Il fait ce qu'il veut et se moque de la science et de la logique ; c'est pour cette raison que, après sa fabrication de la terre, il fit d'abord la lumière et ensuite le soleil.

Un Hottentot saurait parfaitement que sans le soleil la lumière ne peut exister ; mais Dieu... hem ! n'est pas un Hottentot.

Voyons plus loin : la création avait parfaitement réussie jusque-là, mais il n'y avait pas encore de vie dans la baraque ; et comme le créateur voulait enfin s'amuser il fit l'HOMME. Seulement en le faisant, il s'écarta d'une façon particulière de sa première manière de procéder. Au lieu d'effectuer cette création par un simple commandement, il se donna beaucoup d'embarras, il prit un prosaïque morceau d'argile, modela à son image un homme, et y souffla une âme.

Comme Dieu est tout-puissant, bon, juste, en un mot l'amabilité même, il vit tout de suite qu'*Adam* (c'est ainsi qu'il avait appelé sa fabrication) seul, s'ennuyait affreusement (peut-être se rappela-t-il sa propre existence si ennuyeuse dans le néant), il fabriqua alors une mignonne, une charmante Eve.

Assurément l'expérience lui avait prouvé que c'était un travail bien malpropre pour un Dieu que de pétrir l'argile, car il employa une autre méthode. Il enleva donc une côte à Adam et la changea instantanément en une petite femme ; instantanément dis-je, car la vitesse n'est pas une sorcellerie pour un Dieu. L'Histoire ne nous dit pas si la côte d'Adam fut remplacée plus tard ou s'il dut se contenter de celles qui lui restaient.

Les sciences modernes ont établi que les animaux et les plantes, formés d'abord de simples cellules, ont acquit peu à peu dans le cours des millions d'années leurs formes actuelles ; elles ont établi de plus que l'homme n'est que le produit le plus parfait de ce long et continuel développement. et que non seulement il y a quelques cent mille ans il ne parlait pas, et se rapprochait de beaucoup de l'animal, dans l'acceptation du mot, mais qu'il doit descendre des animaux du plus bas de l'echel e, tout autre supposition étant à rejeter. Partant de là, l'histoire naturelle nous fait considérer Dieu en sa fabrication d'homme comme un hâbleur ridicule ; mais à quoi sert tout cela ? On ne plaisante pas avec un Dieu.

Que ces histoires aient un cachet scientifique ou non, il commande qu'on les croie ; sans cela il vous enverra chercher par le diable (son concurrent) ce qui doit être fort désagréable. Car en enfer règne non seulement les pleurs et les continuels grincements de dents, mais mieux encore, il y brûle un éternel feu, un ver infatigable vous y ronge et il sent fort le soufre et la poix dans cet endroit-là.

Or donc, d'aprés cela, un homme sans corps, c'est-à-dire une âme serait rotie ; la chair qu'il n'a pas grillera, les dents qu'il n'a plus grinceront encore ; il pleurera sans yeux et sans poumons, le ver rongera ses os tombés depuis longtemps en poussière. il flairera sans nez l'odeur sulfureuse, et tout cela *éternellement* !!! *Diable d'Histoire.*

Du reste Dieu, comme il le dit lui-même dans sa chronique, la Bible, sorte d'autobiographie, est excessivement capricieux et avide de vengeance ; enfin quoi un despote de premier ordre.

A peine Adam et Eve étaient-ils créés qu'il fallut gouverner cette engeance : Dieu émit-il un code dont voici la teneur catégorique : « Vous ne mangerez pas du fruit de l'arbre de science. « Depuis lors, il n'a existé aucun tyran couronné ou non qui n'ait jeté lui aussi cette défense à la face des peuples. Mais Adam et Ève n'obéirent pas à cette injonction ; ils furent aussitôt expulsés (comme de vulgaires socialistes) et condamnés, eux et leurs descendants, pour toujours aux plus rudes travaux. De plus les droits d'Ève lui furent enlevés et elle devint la servante d'Adam à qui elle dut obéissance. Dans tous les cas, ils étaient déjà sous la surveillance de la haute Police divine.

Assurément Lehman (1) lui-même n'a pas été aussi loin dans son despotisme, mais Dieu n'est-il pas son supérieur ?

La sévérité de Dieu envers les hommes ne servit à rien au contraire ; plus ils augmentaient, plus ils le lassaient. On peut se faire une idée de la vitesse de leur propagande qand on lit l'histoire de Caïn et d'Abel ; lorsque ce dernier fut tué par son frère ; Caïn alla dans un pays... étranger et prit femme. Le bon Dieu ne nous dit pas d'où venait ce pays étranger et les femmes qu'il contenait, ce qui du reste n'est pas étonnant ; il peut bien l'avoir oublié alors qu'il était surchargé de travaux de toute sorte.

Enfin, la mesure était comble ; Dieu résolut d'exterminer le genre humain par l'eau. Seulement il choisit un couple pour faire un dernier essai ; il n'eut pas la main plus heureuse malgré toute sa sagesse, car Noé, le chef des survivants, se révéla grand noceur, s'amusant avec ses fils...

Que pouvait-il sortir de bon d'une pareille famille ?

Le genre humain se répandit de nouveau et produisit de pauvres pécheurs. Le bon Dieu aurait bien crever de divine colère en voyant que toutes ses punitions exemplaires, comme par exemple la destruction de villes entières par le feu et le soufre ne servaient absolument à rien. Alors il résolut d'exterminer toute cette canaille, lorsqu'un évènement des plus extraordinaires lui fit changer d'avis,

----

(1) L'empereur Guillaume est appelé ainsi par une grande partie du peuple allemand pour rappeler sa fuite en 1848, sous le nom de Lehman, facteur de poste.

sans cela c'eût été fait de l'humanité.

Un jour apparaît un certain Saint-Esprit. Il en était de ce dernier c mme de la jeune fille venant de l'étranger (1) : personne ne savait d'où elle venait. L'écriture de la Bible, c'est-à-dire Dieu, dit seulement qu'il est lui-même le Saint-Esprit. Par conséquent nous avons affaire pour l'instant à un Dieu en deux unités. Ce Saint-Esprit prit la forme d'un pigeon et fit la connaissance d'une femme obscure nommée Marie. Dans un moment de doux épanchement, il la couvrit de son ombre et voici : elle mit au monde un fils, sans que cela, comme l'affirme la Bible porta atteinte à sa virginité. Dieu se nomma alors Dieu le père, tout en assurant qu'il ne faisait qu'un non seulement avec le Saint-Esprit mais aussi avec le Fils ! Que l'on considère bien cela : Le père était son propre fils, le fils son propre père et de plus tous deux ensemble étaient le Saint-Esprit ! C'est ainsi que se forme la Sainte-Trinité. — Et maintenant, pauvre cervelle humaine, tiens-toi ferme, car ce qui va suivre pourrait te mettre à l'envers.

Nous savons que Dieu le père avait résolu d'exterminer le genre humain, ce qui fit énormément de peine à Dieu le fils ; alors, il (le fils, qui comme nous le savons était le père) prit tout sur lui et pour apaiser son père (qui était en même temps le fils), il se fit crucifier par ceux-mêmes qu'il voulait sauver de l'extermination. Ce sacrifice du fils (qui est un avec le père) plut tellement au père (qui est un avec le fils), qu'il publia une amnistie générale qui est en partie encore en vigueur aujourd'hui.

En première ligne le dogme de la récompense et de la punition de l'homme dans l'autre monde. Il y a longtemps qu'il a été prouvé scientifiquement qu'il n'y a pas d'autre vie indépendante que celle du corps et que l'âme — ce que les charlatans religieux appellent l'âme — n'est pas

______

(1) Allusion à un poème de Schiller.

autre chose que l'organe de la pensée (cerveau) qui reçoit les impressions par l'organe des sens et que, parlant, ce mouvement doit cesser nécessairement avec la mort corporelle. Mais les ennemis jurés de l'intelligence humaine ne s'occupent des résultats des expériences scientifiques que juste assez pour les empêcher de pénétrer dans le peuple. C'est ainsi qu'ils prêchent la vie éternelle de l'âme. Malheur à elle dans l'autre monde si le corps dans lequel elle a habitée ici-bas n'a pas suivi ponctuellement les lois de Dieu ! Car, ces gens-là nous l'assurent, Dieu tout bon, tout juste, très fin aussi, s'occupe de chaque peccadille d'un chacun et s'enregistre dans ses actes universels (quel contrôle et quelle comptabilité !) A coté de cela, il est parfois comique dans ses exigences. Écoutez plutôt :

Tandis qu'il désire que les nouveau-nés soient arrosés d'eau froide (baptisés en son honneur au risque de les enrhumer), tandis qu'il éprouve un plaisir inouï lorsque de nombreuses brebis croyantes qui bêlent leurs litanies et que les plus zélés de son parti lui chantent sans interruption leurs pieuses hymnes en le sollicitant pour toute sorte de choses possibles et impossibles ; tandis qu'il se mêle aux guerres sanglantes en se faisant encenser et adorer comme Dieu des batailles ; il se fâche tout rouge lorsqu'un catholique mange de la viande un vendredi ou ne va pas régulièrement à confesse. Il s'irrite aussi si un protestant méprise les os des saints ; les images et autres reliques de la Vierge, recommandées par l'église catholique, ou si un fidèle quelconque ne fait pas son pèlerinage annuel, le dos courbé, les mains jointes et les yeux tournés vers le ciel. Qu'un homme meure pêcheur endurci, le bon Dieu lui inflige une punition à coté de laquelle tous les coups de bâton et de knout, tous les tourments des prisons et du bannissement, toutes les sensations des condamnés sur l'échafaud, tous les supplices inventés par les tyrans apparaissent comme un agréable chatouillement. Ce Dieu bon surpasse en cruauté bestiale tout ce qui peut se passer de plus canaille snr la terre. Sa maison de détention s'appelle enfer, son bourreau est le diable, ses punitions durent éternellement. Mais pour de légères fautes et à la condition que le délinquant meure catholique, il fait grâce après un séjour plus ou moins long dans le purgatoire qui se distingue de l'enfer, comme en Prusse la prison se distingue de la maison de force.

Qoiqu'un bon petit feu soit entretenu dans le dit purgatoire, il n'est aménagé qu'en vue d'un séjour relativement court et sa discipline n'est pas très serrée. Les soi-disant péchés mortels ne sont pas punis par le purgatoire mais bien par l'enfer. Et parmi ces derniers il nous faut compter le blasphème en parole, en pensée et en écrit. Dieu ne tolère non seulement pas la liberté de la presse et de la parole, mais il interdit et proscrit les pensées non articulées qui pourraient lui déplaire. Enfoncés, les despotes de tous les pays et de tous les temps! surpassés lesdits tyrans par le choix et la durée des punitions ! Donc, ce Dieu est le monstre le plus épouvantable que l'on puisse s'imaginer. Sa conduite est d'autant plus infâme qu'il faut croire que le monde entier, que l'humanité est réglée dans toutes ses actions par sa divine providence.

Il maltraite par conséquent les hommes pour des actions dont il est lui-même l'inspirateur! Que les tyrans de la terre des temps passés et présents soient aimables comparés à ce monstre! Mais s'il plaît à Dieu qu'un homme vive en homme de bien, c'est alors qu'il le maltraite et le torture davantage encore après sa mort, car le paradis promis est encore plus infernal que l'enfer. On n'a là aucun besoin, on est au contraire toujours satisfait sans qu'aucun désir ne précède la satisfaction de ce besoin.

Mais comme on ne peut se représenter aucune jouissance sans désir suivi de son accomplissement, le séjour du ciel sera donc bien stupide. On y est là éternellement occupé à contempler Dieu ; on y joue toujours les mêmes

mélodies sur les mêmes harpes, on y chante continuelle-
ment le beau cantique qui pour n'être pas tout à fait aussi
ennuyeuse que *Malboroug s'en va-t-en guerre*, n'en vaut
guère mieux. C'est l'ennui à son plus haut degré. Le séjour
dans une cellule isolée serait certainement à préférer.

Rien d'étonnant à ce que les riches et les puissants qui
peuvent se procurer le paradis sur terre ne s'écrient en
riant, avec Heine, le poète :

Nous laissons le paradis
Aux anges et aux pierrots.

Et pourtant ce sont justement les riches et les puissants
qui entretiennent la religion. Assurément cela fait partie
du métier. C'est même une question de vie pour la classe
exploitante, la bourgeoisie, que le peuple soit abêti par
la religion. Sa puissance monte ou tombe avec la folie religieuse.

Plus l'homme tient à la religion, plus il croit. Plus il
croit, moins il sait. Moins il sait, plus bête il est. Plus il
est bête plus il se laisse gouverner facilement.

Cette logique fut connue des tyrans de tout temps, c'est
pour cela qu'ils s'allièrent toujours avec le prêtre. Quelque
dispute éclatait-elle entre ces deux sortes d'ennemis de
l'homme, elle n'était pour ainsi dire qu'une futile querelle
de ménage pour savoir qui aurait la maîtrise. Chaque prêtre sait bien que son rôle est fini lorsqu'il n'est plus sou-
tenu par les millions. Les riches et les puissants n'igno-
rent pas non plus que l'homme ne se laisse gouverner
et exploiter que lorsque les corbeaux, peu importe l'église
à laquelle ils appartiennent, ont réussi à implanter au
au sein des masses l'idée que notre terre est une vallée de
larmes, qu'ils leur ont infiltré cette sentence à respecter
l'autorité, ou bien lorsqu'ils les ont alléchés par la pro-
messe d'une vie plus heureuse dans l'autre monde.

Windhorst, le jésuite par excellence, fit entendre un jour
assez clairement, dans la chaleur du combat parlemen

taire, ce que les filous et les charlatans du monde pen-
sent à ce sujet :

« Lorsque la foi s'éteint dans le peuple dit-il, il ne peut
plus supporter sa grande misère et se révolte ! »

Cette phrase était claire et aurait dû faire réfléchir bien
des ouvriers. Mais, hélas ! tant d'entr'eux sont si bornés,
grâce à la religion, qu'ils entendent les choses les plus
simples sans les comprendre.

Ce n'est pas en vain que les prêtres, c'est-à-dire les
noirs gendarmes du despotisme, se sont efforcés de rete-
nir de tout leur pouvoir la décadence religieuse, quoique
comme on le sait, ils pouffent de rire entre eux en pensant aux bétises qu'ils prêchent contre bonne rémunération.

Pendant des siècles, ces détraqueurs de cervelles ont
gouverné les masses par la terreur, car, sans cela, il y a
longtemps que la folie religieuse aurait prit fin. Le
cachot et les chaînes, le poison et le poignard, la potence
et le glaive, le guet-apens et l'assassinat, au nom de
Dieu et de la Justice, ont été les moyens employés pour
le maintien de cette folie, qui sera une tache dans l'histoire de l'humanité. Des milliers d'individus ont été gril-
lés à petit feu sur les bûchers au nom de Dieu, pour avoir
osé mettre en doute le contenu de la Bible. Des millions
d'hommes furent forcés pendant de longues guerres, de
s'entretuer, de dévaster des pays entiers et laissèrent ces
mêmes pays aux prises avec la peste après les avoir pil-
lés et incendiés pour maintenir la religion. Les supplices
les plus raffinés furent inventés par les prêtres et leurs
acolytes, lorsqu'il s'est agit de ramener à la religion ceux
qui n'avaient plus la crainte de Dieu.

On appelle criminel un homme qui estropie pieds ou
jambes de son semblable. Comment appellera-t-on celui
qui atrophie le cerveau d'un autre et qui, lorsque cela ne
le conduit pas au but desiré fait périr même le corps à
petit feu avec une cruauté raffinée ?

Il est vrai que ces êtres ne peuvent plus aujourd'hui se

livrer à leur métier de bandits comme autrefois, lors même que les procés en blasphêmes abondent encore; par contre, ils savent maintenant se glisser dans les familles, y influencer les femmes, accaparer les enfants et abuser de l'enseignement donné dans les écoles. Leur hypocrisie a plutôt augmenté que diminué Ils s'emparèrent de la presse lorsqu'ils s'aperçurent qu'il n'était pas possible de faire disparaître l'imprimerie.

Un vieux proverbe dit: « Où un prêtre a passé, l'herbe ne croît plus pendant dix ans », ce qui revient à dire que lorsqu'un homme se trouve sous les griffes d'un prêtre son cerveau a perdu ses facultés de penser, ses rouages se sont arrétés et les araignées y tissent leurs toiles. Il ressemble au mouton prit de vertige. Ces malheureux ont perdu le but de la vie et, ce qui est encore plus malheureux, c'est qu'ils forment la plus grande partie des antagonistes de la science et de la lumière, de la révolution et de la liberté. On les trouve toujours prêts dans leur bêtise obtuse à aider ceux qui veulent forger de nouvelles chaînes pour l'humanité ou à aider ceux qui veulent mettre des bâtons dans les roues du progrés toujours croissant. Or donc, en essayant de guérir des malades, non seulement on accomplit une bonne œuvre vis-à-vis d'eux-mêmes, mais encore on est en voie d'arracher un cancer qui ronge le peuple et qui doit être totalement détruit, si la terre doit devenir le séjour d'hommes et non un terrain de jeux pour les dieux et les diables, comme elle l'a été jusqu'à présent.

Par conséquent, arrachons du cerveau les idées religieuses et à bas les prêtres! Ces derniers ont la coutume de dire que la fin justifie les moyens. Bien! Employons nous aussi cet axiome contre eux. Notre but est la délivrance de l'humanité de tout esclavage, de la tirer du joug de la servitude sociale comme des fers de la tyrannie politique, mais aussi sortir cette même humanité des ténèbres religieux. Tout moyen pour l'accomplissement de ce haut but doit être reconnu comme juste par tous les vrais amis de l'humanité et doit être mis en pratique à chaque occasion propice.

Tout homme anti-religieux commet donc une négligence à ses devoirs lorsqu'il ne fait pas tout ce qu'il peut journellement et à toute heure pour tuer la religion. Tout homme délivré de la foi qui omet de combattre la prétraille où et quand il peut est un traître à son parti. Partout guerre, guerre à outrance à cette noire engeance.

Excitons contre les corrupteurs et éclairons les aveugles. Que chaque arme nous soit bonne pour notre cause, aussi bien l'acerbe moquerie que le flambeau de la science et où ces dernières armes restent sans effet, eh bien ! employons des arguments plus faciles : qu'on ne laisse pas passer sans la relever aucune allusion à Dieu et à la religion dans les assemblées où sont discutés les intérêts du peuple. De même que le principe de la propriété et sa sanction armée, l'État ne peut trouver place dans le camp de la révolution sociale, — ce qui est en dehors de ce camp est naturellement réactionnaire — de même la religion ou ce qui s'y rapporte n'y a place. Et qu'on sache bien que plus ceux qui veulent mêler leur bavardage religieux aux aspirations des travailleurs, eussent-ils l'air respectables, leur réputation fut-elle bonne, sont de dangereux personnages. Quiconque prêche la religion sous n'importe quelle forme ne peut être qu'un sot ou un coquin. Ces deux sortes d'individus ne valent rien pour l'avancement d'une chose qui ne peut atteindre son but que si elle est sûr de la sincérité de ses combattants.

La politique opportuniste est, dans ce cas, non seulement un mal mais un crime. Si les ouvriers permettent à quelques prêtres de se mêler de leurs affaires, non seulement ils seront trompés, mais encore trahis et vendus.

Autant il est logique que le prolétaire combatte principalement le capitalisme et partant vise aussi la destruction de son mécanisme forcé, l'État, autant il coule de source que l'Église reçoive aussi son compte dans ce combat, car elle ne peut pas être de coté ; il faut que la religion soit détruite systématiquement dans le peupl si l'on veut que ce dernier revienne à la raison sans laquelle il ne pourra jamais conquérir sa liberté.

Proposons quelques questions pour les sots ou autrement dit, pour ceux qui ont été abétis par la religion, en tant qu'ils paraissent corrigibles. Par exemple :

Si Dieu veut qu'on le connaisse, qu'on l'aime et qu'on le craigne, pourquoi ne se montre-t il pas?

S'il est si bon que le disent les prêtres, quelles raisons a-t-on de le craindre?

S'il sait tout, pourquoi l'ennuyer de nos affaires particulières et de nos prières?

S'il est partout, pourquoi bâtir des églises?

S'il est juse, pourquoi penser qu'il punira les hommes créés par lui pleins de faiblesse?

Si les hommes ne font le bien que par une grâce particulière de Dieu, qu'elle raison aura-t-il de les en récompenser?

S'il est tout puissant, comment peut-il permettre qu'on le blasphéme?

S'il est inconcevable, pourquoi nous occuper de lui?

Si la connaissance de Dieu est nécessaire, pourquoi reste-t-il dans l'ombre? Etc., etc ..

Devant de telles questions l'homme croyant reste bouche bée. Mais chaque homme pensant doit admettre qu'il n'existe pas une seule preuve de l'existence de Dieu. De plus, il n'y a aucune nécessité d'une divinité. Un Dieu en dehors ou en dedans de la nature n'est d'aucune nécessité lorsqu'on connait les propriétés et les règles de cette dernière. Son but moral n'est pas moins nul.

Il existe un grand royaume gouverné par un souverain dont la manière d'agir amène le désordre dans l'esprit de

ses sujets. Il veut être connu, aimé, honoré et tout con-
tribue à embrouiller les idées qu'on peut se faire de lui.
Les peuples soumis à sa dépendance n'ont sur le caractère
et les lois de leur souverain invisible que les idées dont
ses ministres leur font part ; par contre, ceux-ci admet-
tent qu'ils ne peuvent se faire aucune idée de leur maître,
que sa volonté est impénétrable, ses vues et ses idées in-
saisissables ; ses valets ne sont jamais d'accord sur les
lois à donner de sa part et ils les annoncent dans chaque
province d'une manière différente ; ils s'insultent mutuel-
loment et s'accusent l'un l'autre de tromperie.

Les édits et les lois qu'ils sont censés devoir donner
sont embrouillés ; ce sont des rebus qui ne peuvent être
ni compris ni devinés par les sujets auxquels ils devraient
servir d'enseignement. Les lois du monarque caché ont
besoin d'éclaircissement et cependant ceux-là même qui
les expliquent ne sont jamais d'accord entre eux ; tout ce
qu'ils savent raconter de leur souverain caché est un chaos
de contradictions ; ils ne disent pas un mot qui ne puisse
être aussitôt controuvé et taxé de mensonge.

On le dit extrêmement bon et cependant il n'y a pas un
homme qui ne se plaigne de ses décrets.

On le dit infiniment sage et cependant tout dans son
administration semble être à rebours de la raison et du
bon sens. On glorifie sa justice, et les meilleurs de ses sujets sont ordinairement ceux qui sont le moins favorisés.
On assure qu'il voit tout et sa présence ne remet cependant rien en ordre. Il est, dit-on, ami de l'ordre et pourtant tout n'est que confusion et désordre dans ses états. Il
fait tout par lui-même, mais les événements répondent
rarement à ses plans. Il voit tout à l'avance mais ne sait
pas ce qui arrivera. Il ne se laisse pas offenser en vain et
pourtant il tolère les offenses d'un chacun. On admire
son savoir, la perfection de ses œuvres et cependant ses
œuvres sont imparfaites et de courte durée. Il crée pour dé-

truit, corrige ce qu'il a fait sans jamais être content de son ouvrage. Il ne cherche dans toutes ses entreprises que sa propre gloire sans cependant atteindre le but d'être loué en tout et partout. Il ne travaille qu'au bien-être de ses sujets... mais la plupart manque du nécessaire. Ceux qu'il paraît favoriser le plus sont généralement les moins contents de leur sort : on les voit tous se soulever contre un maître dont ils admirent la grandeur, dont ils louent la sagesse, dont ils honorent la bonté, dont ils craignent la justice et dont ils sanctifient les commandements qu'ils ne suivent jamais.

Ce royaume est le monde, ce souverain est Dieu : ces valets sont les Prêtres, les hommes sont les sujets. Joli pays ! Le Dieu des Chrétiens spécialement est un Dieu qui, comme nous l'avons vu, fait des promesses pour les rompre, répand la peste et les maladies sur les hommes pour les guérir ; un Dieu qui créa les hommes à son image et qui, pourtant, ne prend pas les responsabilités du mal ; qui vit que toutes ses œuvres étaient bonnes et s'aperçut bientôt qu'elles ne valaient rien ; qui savait que les deux premiers êtres mangeraient du fruit défendu et qui, pourtant pour cela, punit tout le genre humain. Un Dieu si faible qui se laisse duper par le diable, si cruel qu'aucun tyran de la terre ne peut lui être comparé. Tel est le Dieu de la mythologie judaï-chrétienne.

Celui qui créa les hommes parfaits sans aviser pourtant à ce qu'ils restent parfaits ; celui qui créa le diable sans pouvoir arriver à le dominer est un gâcheur que la religion qualifie de souverainement sage ; pour elle tout puissant est celui qui condamne des millions d'innocents pour la faute commise par un seul; qui extermina par le déluge tous les hommes à l'exception de quelques-uns qui réformèrent une race aussi mauvaise que la première : qui fit un ciel pour les fous qui croient aux évangiles et un enfer pour les sages qui le réprouvent.

Celui qui se créa lui-même par le Saint-Esprit ; qui s'envoya comme médiateur entre lui-même et les autres ; qui, méprisé et bafoué par ses ennemis, se laissa clouer sur une croix comme une chauve-souris à la porte d'une grange ; qui se laissa enterrer, qui ressuscita des morts, descendit aux enfers, remonta vivant au ciel où il s'assit à sa droite même pour y juger les vivants et les morts, alors qu'il n'y aura plus de vivants, celui qui a fait tout cela est un charlatan divin. C'est un affreux tyran dont l'histoire devrait être écrite en lettres de sang, car elle est la religion de la terreur. Loin de nous donc la mythologie chrétienne. Loin de nous un Dieu inventé par les prêtres de la foi sanglante qui, sans leur néant important, avec lequel ils expliquent tout, ne se vautreraient plus longtemps dans l'abondance, ne prêcheraient plus longtemps l'humilité tout en vivant eux-mêmes dans l'orgueil, mais au contraire seraient précipités dans l'abîme de l'oubli. Loin de nous cruelle trinité, le père meurtrier, le fils contre nature et le Saint-Esprit voluptueux ! Loin de nous tous ces fantômes déshonorants, au nom desquels on rabaisse les hommes au niveau des misérables esclaves et qu'on renvoie par la toute puissance du mensonge des peines de cette terre aux joies du ciel. Loin de nous tous ceux qui, avec leur démence sainte, sont les entraves du bonheur et de la liberté ! Dieu est un revenant inventé par des charlatans raffinés au moyen duquel on a jusqu'à présent effrayé et tyranisé les hommes. Mais le revenant s'évanouit dès qu'il est examiné par la saine raison, les masses trompées s'indignent d'avoir cru si longtemps et jettent à la face du prêtre ces mots du poète :

Sois maudit, O Dieu que nous avons prié
Dans le froid de l'hiver et les tourments de la faim...
Nous avons en vain attendu et espéré ;
Il nous a singés, trompés et bornés !

Espérons que les masses ne se laisseront plus longtemps

tromper et berner; mais qu'un jour viendra ou les cruci-
fix et les saints seront jetés au feu, les calices et ostis
convertis en ustensiles utiles, les églises transformées en
salles de concerts, de théâtres ou d'assemblées ou, dans le
cas où elles ne pourraient servir à ce but, en greniers à
blé et en écuries à chevaux. Espérons qu'un jour viendra
où le peuple éclairé cette fois ne comprendra pas que pareille transformation n'ait pas déjà eu lieu depuis longtemps. Cette manière d'agir courte et concise ne se pra-
tiquera naturellement que lorsque la RÉVOLUTION SO-
CIALE, qui approche, éclatera, c'est-à-dire au moment où
il sera fait table rase des complices de la prétraille ; prin-
cipes, bureaucrates et capitalistes et ou l'État ainsi que
l'Église seront radicalement balayés.

Adhérez à la *Ligue d'Action anticatholique* (A. Lorulot, Conflans-Honorine (S.-et-O.), 2 francs par an), seule organisation
qui mène la lutte avec clairvoyance et ténacité contre le dan-
ger Jésuite. Répandez nos tracts, brochures, papillons, etc.

S'abonner à la Revue *L'Idée Libre* : 5 fr. (A. Lorulot,
à Conflans-Honorine (Seine-et-Oise).

L'IDÉE LIBRE

Revue mensuelle d'éducation sociale

L'Idée Libre est un organe de vulgarisation scientifique et philosophique. Son but est de faire de l'éducation,
de cultiver la nature humaine, de semer des idées et de
répandre des connaissances.

LE HARAS HUMAIN, Dʳ Binet-Sanglé, ouvrage remarquable sur la question sexuelle, franco 7.50.

Dʳ Forel, *La question sexuelle exposée aux adultes cultivés*, un fort volume 16 fr., franco	17 50
Dʳ Witkowski, *La Génération humaine*, (av. planches)	23 50
D'Almeras, *La femme amoureuse dans la vie et dans la littérature*, 2 volumes à 6 75, franco	14 50
Brantôme, *Les Dames galantes*, un fort volume	4 50
Dʳ Bourgas, *Le droit à l'amour pour la femme*	4 00
Dʳ Mathé, *L'hygiène sexuelle à l'école*	4 00
Dʳ Bourgogne, *Conseils d'hygiène aux fiancés*	3 25
» *Le Mariage*	5 50
Dʳ Lacasse, *Hygiène de la grossesse*	5 50
Dʳ Cortet, *Régénération des familles tarées*	3 25
Dʳ Cornet, *Douze leçons d'hygiène*	4 50
Dʳ Hugon, *La stérilité chez la femme*	2 50
Dʳ Nicoluenkoff, *Une maladie sociale* : la Syphilis	2 25
E. Laurent, *Sadisme et masochisme*	5 »
— *Fétichistes et érotomanes*	5 »
— *L'occultisme et l'amour*	5 »
Frumerie, *Cours de massage*	3 25
L'art de conserver l'amour dans le mariage, Dʳ. Jaf,	7 50
Dʳ Jaf, *Mariage*, (Amour et Hygiène)	6 75
Dʳ Wolf, *Prévoyance et sécurité en amour*	6 75

☞ **JOINDRE MANDAT À TOUTE COMMANDE DE LIVRES & BROCHURES**

BARBARIE ALLEMANDE
ET
BARBARIE UNIVERSELLE
— Le Livre Rouge des Atrocités Mondiales —

Un beau volume : 5 75, franco 6 60.

En vente à l'IDÉE LIBRE, à Conflans-Honorine (Seine et Oise)

Achetez tous vos livres à l'IDEE LIBRE ! Demandez notre Catalogue de Librairie, très complet.

ABONNEZ-VOUS A *L'IDEE LIBRE.* (Conflans-Honorine, S. et Oise). **5 fr.**